pour Zak,

chasseur de grenouilles,
de barbottes et de dragons

Zed

To Zoé & James,
children of the distant land

PAPOU

Loi 49-956 du 16 juillet 1949
sur les publications destinées à la jeunesse

A Vol d'oiseaux
éditions

http://avoldoiseaux.online.fr

ISBN : 979-10-93189-81-9

Une histoire de Zed

LE JOUR OÙ LE MONDE EST DEVENU FOU !!!

Avec des dessins de Papou

Toute ressemblance avec des événements réels serait bien évidemment purement fortuite.

Je m'appelle Zak.

Avec mon papa et ma maman on vit dans une maison dans les bois au bord d'un lac. On a un chat, deux poules, et des milliards de vers de terre dans une boite en plastique à la cave.

Mon meilleur ami, c'est Vlad. Il vient souvent jouer à la maison.
On rigole bien ...

On fait du trampoline. On regarde les fourmis. On attrape des grenouilles et des poissons... et puis on les relâche aussitôt.

ET PUIS

UN JOUR...

TOUT À COUP !

LE MONDE EST DEVENU FOU !!!

Un nouveau virus appelé PAVLOX a été identifié en République Bananière de Fayence. Les zautorités sont inquiètes et appellent à la panique générale.
KHEU?

Papa a éteint la télévision et il nous a dit à Maman et moi de ne pas avoir peur.

Papa il dit qu'au contraire, c'est quand ils disent qu'on doit garder notre calme qu'on doit commencer à avoir peur.

J'ai demandé à Papa qui c'étaient, les zautorités ? Il a pas répondu.

Les zautorités nous ont demandé de rester chez nous sans sortir pendant deux semaines à cause du virus. Ça a duré pendant trois mois. Nous dans les bois, on voyait pas trop la différence.

Par contre, à la ville, c'était une autre histoire...

Vlad a plus le droit de venir à la maison. Je lui parle sur Internet. Il me dit que le virus PAVLOX est très dangereux.

Sa maman le force à se laver les mains toutes les vingt minutes.

Ça lui donne de l'eczéma entre les doigts. Ça le gratte drôlement...

Là
Là
et Là
Là aussi

Et puis un jour, les zautorités nous ont dit qu'on avait à nouveau le droit de ressortir de chez nous. Mais pour empêcher la propagation du **PAVLOX**, il fallait absolument respecter la règle suivante :

Papa a éteint la télévision. Il a dit que tout ça c'était rien qu'un ramassis de...

La suite, maman dit que j'ai pas le droit de le dire.

Des fois les grandes personnes disent des vilaines choses lorsqu'elles sont énervées, mais c'est pas une raison pour les imiter.

Le lendemain, en ville, c'était bizarre...

Papa, pourquoi le monsieur il porte un slip alors qu'il est tout seul dans sa voiture ?
Moui ?
CW Pavlox 19

PORT DU SLIP
SUR LA TÊTE
OBLIGATOIRE

L'autre jour, au magasin, y'a plusieurs personnes qui ont crié sur Papa et Maman, parce que leurs slips étaient pas bien ajustés. Les zautorités disent que c'est très important que les deux yeux soient bien couverts par le slip. Papa fait noter qu'on y voit quand même beaucoup moins bien avec un slip sur les yeux.

Plus tard, dans la voiture, Papa et Maman sont très silencieux.
J'ai voulu demander ce que ca voulait dire "anti-science" et "complotiste", mais j'ai pas osé poser la question.

LIBERTAD
AUSSI
MIAOURF

Vlad m'a téléphoné hier. Il était très triste. Sa Nanou est morte il y a deux jours. Elle avait attrapé le **PAVLOX**, ils ont dit à la clinique. Vlad semble être en colère contre moi. Je lui demande...

Il m'a dit que c'était à cause de gens comme mon Papa et ma Maman qui veulent pas mettre leur slip correctement, que sa grand-mère est morte. Puis il a raccroché. Je l'ai rappelé mais il n'a pas répondu.

J'étais très triste.

Maman m'a demandé si je voulais aller me recueillir sur la tombe de la Nanou de Vlad. J'ai dit...

Alors j'ai décidé d'avoir une conversation sérieuse avec Papa.

S'il était responsable de la mort de la Nanou de Vlad, alors il était très important qu'il commence à mettre son slip correctement sur sa tête.

Moi aussi, je veux commencer à porter un slip, même si les zautorités disent que c'est pas obligatoire à mon âge.

J'étais très en colère.
J'ai dit des vilains mots. Papa m'a regardé sans bouger pendant un moment.

Puis il m'a pris dans ses bras. On s'est assis sur le canapé. Il m'a expliqué que le **PAVLOX** était pas plus dangereux que les autres virus qui viennent tous les hivers.
Et qu'on a jamais mis de slip sur nos yeux avant ça.

J'ai pas su quoi répondre. Alors j'ai demandé :

Tout le monde meurt, un jour ou l'autre. La Nanou de Vlad était très vieille, a répondu Papa. Son temps sur Terre était arrivé à sa fin.

Ça m'a rendu triste, alors Papa m'a fait un calin…
Alors j'ai demandé…
Mais si le virus est pas dangereux, pourquoi tout le monde dit qu'il est dangereux ?
C'est parce qu'ils regardent la télévision, a répondu Papa.

J'ai demandé :
Mais pourquoi à la télévision ils disent que c'est dangereux ?
Ça... c'est une excellente question.
Il a répondu.
Puis la conversation était terminée.

Et puis un jour, les zautorités ont découvert un tout nouveau médicament contre le **PAVLOX**

Tout le monde semblait très content.

Sauf Papa et Maman.

J'ai demandé à Papa pourquoi il était pas content. On allait enfin pouvoir enlever les slips de nos têtes.

Papa a répondu qu'on avait déjà des médicaments contre le **PAVLOX** qui marchaient très bien, mais qu'ils étaient interdits.

Pourquoi ? j'ai demandé.

Ça aussi c'est une excellente question, il a répondu.

Papa a ajouté que le nouveau médicament marcherait pas et qu'on devrait quand même garder nos slips sur nos têtes. Et qu'ils allaient nous forcer à le prendre, ce médicament.

C'est qui "ils" ? j'ai demandé. Les zautorités ?
Papa a pas répondu.

Quelques temps plus tard, maman a perdu son travail parce qu'elle refusait de prendre le nouveau médicament.

Et puis les zautorités nous ont interdit d'aller au cinéma, au restaurant et à la bibliothèque.

Ça a duré tout l'hiver.

Je sais pas vraiment qui c'est, les zautorités, mais je commence à comprendre pourquoi Papa les aime pas trop.

À la maison, j'entendais parfois Maman et Papa se disputer à cause de l'argent.

Papa rigolait moins qu'avant. Il restait souvent des heures dans son bureau, la porte fermée.

Et puis des fois je surprenais dans le rétroviseur, Maman qui pleurait silencieusement. Moi aussi j'étais triste.

Et puis le printemps est arrivé...

Les grenouilles, les poissons
et les fourmis
sont revenus.

On a ressorti le trampoline.

Mais sans Vlad,
c'était pas pareil...

Puis au début de l'été, les zautorités ont déclaré que finalement ils avaient décidé que le **PAVLOX** était pas vraiment dangereux.

Et puis ils ont décidé d'arrêter de forcer les gens à prendre le nouveau médicament puisqu'en fait, il marchait pas vraiment et causait tout un tas de problèmes.

Et on a aussi eu le droit d'arrêter de mettre les slips parce qu'apparemment, ça servait à rien.

En fait Papa avait raison depuis le début.

Et Vlad m'a appelé au téléphone.
Ça faisait des mois qu'on s'était pas parlé.

Il m'a dit qu'il était désolé et m'a demandé s'il pouvait venir jouer à la maison.

Mais moi j'avais pas très envie de le voir.
J'en ai parlé à Maman.

Maman m'a dit qu'elle comprenait, mais que dans la vie c'était très important de pardonner.

Pourquoi je lui pardonnerai ? Il a été méchant, injuste, et il m'a fait de la peine.

Maman m'a dit qu'il fallait pas lui en vouloir. Lui et sa famille ont eu très peur, parce qu'ils regardent beaucoup la télévision.

Et que pour eux aussi, toute cette histoire de PAVLOX a été très difficile.

Maman a ajouté que la rancoeur, c'est comme un gros sac de briques. La tristesse que tu ressens quand tu penses à Vlad, c'est le poids de ce sac de briques.

J'ai réfléchi un moment, j'ai pris une grande inspiration... je crois qu'elle a raison.

Alors j'ai pardonné à Vlad.

Et depuis, tout va beaucoup mieux...
Kui !
YO !

piouc ?

LE PARDON

Pardonner quelqu'un ne veut pas dire pardonner son comportement.

Ce n'est pas non plus oublier la façon dont il t'a blessé.

Pardonner signifie faire la paix avec ce qui s'est passé.

Cela signifie reconnaître ta blessure, en te donnant la permission de la ressentir et de comprendre que cette douleur ne te sert plus à présent.

Ça veut dire laisser aller la douleur et le ressentiment pour pouvoir guérir et avancer.

Le pardon est un cadeau que tu te fais à toi-même. C'est une décision.
Ta décision...

Il te libère du passé et te permet de vivre dans le temps présent.

Quand tu te pardonnes et que tu pardonnes aux autres, tu deviens vraiment libre.
Tu te détaches...

Pardonner signifie libérer un prisonnier et découvrir que ce prisonnier, c'était toi.

(Texte attribué à différents auteurs aussi nombreux qu'incertains)

Hasta Luego Amigos !

Achevé d'imprimer en UE au quatrième trimestre 2022

Par Bookpress.ue
ul. Lubelska 37c
10-408 Olsztyn - Pologne

Dépôt légal : 4ème trimestre 2022

ISBN : 979-10-93189-81-9

Distribution : La Générale Librest